Poemas dedicados
Encarnación Sánchez Arenas

Colección Baños del Carmen

Encarnación Sánchez Arenas

Poemas dedicados

EDICIONES VITRUVIO
Colección Baños del Carmen,
nº 1063

www.edicionesvitruvio.com

Primera edición, 2025

© Ediciones Vitruvio
C/ Menorca, nº 44
28009
Madrid
Tlf: 91 573 21 86

ISBN: 979-13-990962-8-6
Nº: 1. 778

Poemas dedicados. Con este sugerente título, la polifacética escritora jiennense Encarnación Sánchez Arenas realiza un homenaje a un buen número de poetas y, a partir de la poesía de estos, de estas, escribe, crea un poema propio que nos sugiere un espacio nuevo, un mundo nuevo en el que nos sumergimos desde principio a fin.

Ella reescribe las historias en forma de poemas para llevarlas a su terreno, a su experiencia vital, desde sus vivencias, desde sus sentimientos.

Porque, como ella nos confiesa, es una *"sonámbula más / que no quiere despertar de este estado de felicidad"*. Encarnación es feliz, intensa, viva. Vive intensamente, ama la lectura y el lenguaje.

En sus poemas se nos descubre el paso del tiempo, la nostalgia, el otoño marcan su devenir...

> *"Los minutos no nos consumen*
> *y los segundos se estancan"*

Ella parafrasea a los y las poetas y les saca jugo. Les inspira y lo proclama con su vasta cultura literaria... Porque... *"La cultura abra una página / a la intemperie / sin que el vendaval nos asole."*

A veces, se hace eco de la triste realidad que nos acompaña día a día, a modo de tragedia, una tragedia que nos cerca, nos invade, nos sume en la tristeza en "Sin fronteras":

> *"Las mujeres paren sus hijos*
> *ya en las pateras,*
> *dejan su sangre*
> *para no ser vertida en guerras."*

> ...

"Las fronteras
se abren los surcos
del transcurso del tiempo."

Y en "Luces"

"De manos que nos tiemblan
a tanto miedo
ante la enfermedad."

También tiene un lugar para su madre, como no:

"Contigo ¡madre!
la pasión huele a madreselva
y comulga la carne
con el espíritu."

Y ella, además, filosofa sobre la religión, sobra la vida...

"Lo pagano se ha vuelto democrático
se ha convertido en una opción probable
que perdona siempre el discurso
del libre albedrío."

Porque...
"Me abalanzo poco a poco
y busco tu alma por dentro."

Encarnación, en fin, es una amante de la palabra. Disfruta de ella tanto en la dramaturgia, como en el relato y la poesía. Y escribe tanto para adultos como para la infancia.

Su voz pausada y reflexiva es como su escritura.

Podemos sentir las emociones de Encarnación en cada uno de los poemas de este libro y las hacemos propias.

Paco Velázquez

Poemas dedicados

POEMAS DEDICADOS A AMALIA IGLESIAS SERNA Y A ROSA MORILLAS

> *Cuando el tiempo perdió el paso*
> *las manecillas del reloj*
> *se pusieron a girar*
> *en sentido contrario.*
> *La vida entonces caminaba de espaldas*
> *y mi cuerpo se arrastraba*
> *tras mi sombra.*
> "Retorno" en *Lázaro se sacude las ortigas* de Amalia Iglesias
> Serna.

SIN REGRESO

Vuelco mis pasos
en sentido contrario,
no quieren regresar
a despropósitos
que no encajan en este puzzle.
La soledad
no me acompaña en este hospedaje
de actualidades.
No pretendo fraudes muy afectivos.
La heredad de otros
para nada me pertenece.

Después de todo
ni tú ni yo somos de aquí.
Nadie puede medir el espacio
que desalojan nuestros pasos
ni dictar a qué patria pertenecen.
No hay puertas ni fronteras
en la complicidad del aire que te abraza,
el aire que respiras *made in tierra*
entra y sale de todos los pulmones.
No podrán levantar barricadas en los labios
ni poner concertinas en las voces.
"Tierra de nadie" en *La sed del río* de Amalia Iglesias Serna.

SIN FRONTERAS

Las fronteras
se abren en los surcos
del trascurso del tiempo.
Las mujeres paren sus hijos
ya en las pateras,
 dejan su sangre
para no ser vertida en guerras.
El llanto de nacidos
reclama un país de acogida
que les devuelva a la vida,
que no asfixien sus pulmones
ahogándosen en el océano.
Las fronteras
se abren en los surcos
del trascurso del tiempo.

"hoy siento oscura la sala
aún más tétrica que el comedor
debe ser el contraste con la cocina
diáfana hoy como nunca
clara es la luz del cuarto de invitados
torpe la del estudio
pobre y tenue la del dormitorio
debe ser porque ya no estás
o tal vez
necesito nuevas lámparas"
"Luces" en *Catatónico amor* de Rosa Morillas.

LUCES

Un rayo de sol quema
entra por la ventana diestra de la cocina
casi calienta carne congelada
un rayo de luz tenue
entra por el balcón del dormitorio
nos despierta de insomnios insospechados trémulos
la luz del estudio es tan artificial
procede del flexo inclinado
se apuntan notas que irradian
letras muy temblorosas
de un pulso inestable
de manos que nos tiemblan
a tanto miedo
ante la enfermedad.

"Saludo
a los mediocres
que pasaron
por mi vida
a los que fueron
a los que están
a los que no volveré a ver
o a los que me cruzo
de vez en cuando"
"saludo" en *Catatónico amor* de Rosa
Morillas

SALUDO

Saludo
a los transeúntes ausentes
de propósitos
monótonos o monocordes

saludo a la hipocresía
que evita pensamientos espontáneos
en voz alta

saludo la preñez
de unas madres insomnes
ante las excentricidades
de sus hijos

saludo a los indiferentes
que sumen sus sueños
en el sofá
a los bañistas
que salpican sus cuerpos
con picaduras de medusas

saludo a una campaña mediática
de cómo traer agua del océano
al jardín de mi casa.

POEMAS DEDICADOS A BLAS DE OTERO Y A FELIPE MOLINA VERDEJO

"me estás haciendo llorar con tu recuerdo.
Me sube hasta los ojos,
duda, vacila, y cae
como una infanta de la almena al foso.

Porque recuerdo que tenías diecisiete años,
y todos de oro.
Y los pechitos te temblaban
como las hojas del chopo.

Y las sandalias que te ponías en la primavera,
pececitos rojos.
Y la cinta de
tu combinación, en corro.

Me estás hiriendo con unas alas tan frágiles.
¿Quién ha roto la brisa,
esta seda del aire, en el recuerdo,
quién la deshila?[...]
"Láminas" en Ancia *de Blas de Otero*

DILEMAS

En la quietud te brindo sortilegios previstos,
apuestas decisivas
entre tantos dilemas
con pregunta acertada, respuesta fugitiva.
Porque recuerdo amén tus quince años diestros
de perpetuas promesas
entre tantos dilemas,
 respuesta fugitiva con pregunta certera.

El estanque dorado aguarda tus nenúfares.
No flota el parco lodo,

no flotan tus palabras
entre mis bastidores, entre tristes madroños.

Entre guitas y tizas, pintabas musarañas,
desde letras arcanas
 se fraguan tus absurdos
ya no trazas destrezas, la verdad sola trazas.

"Si he perdido la vida, el tiempo, todo
lo que tiré, como un anillo, al agua,
si he perdido la voz en la maleza,
me queda la palabra.

Si he sufrido la sed, el hambre, todo
lo que era mío y resultó ser nada,
si he segado las sombras en silencio,
me queda la palabra.

Si abrí los labios para ver el rostro
puro y terrible de mi patria,
si abrí los labios hasta desgarrármelos,
me queda la palabra.
"En el principio" en *Pido la paz y la palabra* de Blas de Otero

ME QUEDA LA PALABRA

Si he perdido el baluarte de los hechos,
las calamidades siempre probadas,
si he perdido la voz con franqueza
Me queda la palabra.

Si he sufrido la prisión política
entre barrotes y celdas nefastas
sin libertad de prensa disertante,
me queda la palabra.

Si abrí los labios para darte un beso
con entera y libertad acertada,
sí abrí los labios presa de un grito,
me queda la palabra.

"Otoño se ha derramado
por el costado del viento,
y sus aguas han lavado
el olivar polvoriento.

Por la azulada ladera
de Jabalcuz se desliza
la improvisada montera
de una nube de ceniza.

Y al rasgar su vestidura
en la torres catedrales,
esparce en la tierra dura
una siembra de cristales.

Novedad esperanzada
de charcos en los caminos,
y de atmósfera impregnada
del aroma de los pinos [...]
"Comunicación nostálgica a un amigo ausente"
en *Épico Jaén, lírico Jaén (Rapsodia en morado)*
de Felipe Molina Verdejo

LA ALAMEDA

Se nos fragua el paso lento
por las aceras marcadas,
pasa el acaloramiento
con sus fuentes alargadas.

Parejas de enamorados
se nos fingen esconderse
y entre árboles preciados
avanzan para perderse.

Cantan golondrinas trinos
e incuban sus secos nidos.
Volarán tras sus caminos
Y escucharemos silbidos.

"eran cinco alondras
las cinco campanas
en los cinco nidos
de la alta espadaña.

Mañanas azules
las pajareaban;
crepúsculos rojos
abatían sus alas.

Doncellicas eran
todas muy galanas,
puestas al cobijo
de las cinco arcadas

Galanes los vientos
que las cortejaban,
esparcían las risas
de sus algazaras. [...]

"Baladilla de las cinco campanas"
en *Épico Jaén, lírico Jaén (Rapsodia en*
morado)
de Felipe Molina Verdejo

TESTIMONIO

Camino de la arboleda
entre piedras blancas, raudas,
pasca tu sombra negra
con preguntas claras, parcas.

Se han erguido los muertos
paseando almas profanas.
Se oponen al designio
de una muerte arcana.

Es tu espectro amargo y yerto
tras tus sombras y tus dagas,
se revela tu heredero
con respuestas que presagian.

POEMAS DEDICADOS A CARLOS MARZAL Y A MARTÍN LORENZO PAREDES

> *La crítica, tan crítica, tan lista, me ha indicado*
> *que soy nieto cercano de don Manuel Machado.*
> *Y aunque lo puse fácil, lo normal es el hecho*
> *de que jamás los críticos embistan por derecho.*
> *Hay que enseñar el trapo, embarcarlos muy lento,*
> *darles tiempo a pensar, lidiar con fundamento.*
> "Media verónica para don Manuel Machado" de Carlos Marzal
> en *La vida de frontera.*

A don Manuel Machado

Las luces sin sus sombras nuestra vida proclaman
y quedarán sus coplas al tiempo de los que aman
un compás de espera, en hermandad serena
que surca toda España, con conciliación plena.
 Buscando seguidillas, tu legado es constante.
Te silencian los años, minutos del instante,
te aclaman los siglos, dilemas populares,
y al clamar tu memoria, perviven tus soleares.
En tu trascurso poético, las huellas parnasianas
y a los poetas malditos, nos abres tus ventanas.
Influye Varlaine, también Rubén Darío
en trascurso vital, con tu legado y brío.

Todo está en donde estuvo, todo late
en el primer latir
de la primera aurora cautivada,
y en su cautivo corazón en pálpito.
Todo fluye
en el mismo fluir de un mismo río,
por el agua tenaz de un cauce idéntico.
"Ubi sunt" de Carlos Marzal en *Fuera de mí.*

UBI SUNT

Emerge el crepúsculo,
es la primera aurora matutina
de nuestro corazón cautivo
que quiere fluir desde el río
dentro del cauce
del libre albedrío.

¿Acaso es que no sientes en tu piel
las caricias pretéritas
de plena juventud
que imprimen sellos
ante la senectud
de una posesión lícita,
de una posesión diestra
en la decadencia,
en la decrepitud?

Son coros primordiales de las voces
sin eco de tragedia
porque remontó el designio
de lo fatídico
del ser de la palabra en cuanto somos,
del eco de vivir en cuanto hablamos.

Del cielo bajaste en época temprana,
madre de todo arte, para cultivo
del alma.
Azote de la barbarie, faro en la oscuridad.
A veces cautiva para desamparo de la Humanidad.
"La cultura" de Martín Paredes Aparicio en *Versos de vida y alma.*

La cultura
Baluarte de equidad
que forja la fraternidad
entre pueblos
de distintos designios
con ecos de diestros himnos.
La cultura,
en eco de paz,
nos canta a todos
al amanecer tranquilo
la nana de la cebolla
y nos concilia
con derroteros opuestos.
La cultura abre un página
a la intemperie
sin que el vendaval nos asole.

Siempre te he visto amanecer
antes que el sol,
intentando averiguar dónde
se esconde la aurora.
Pensando, quizá, que su morada es un
jardín de luz y nubes de ese inmenso cielo
al que algún día todos tendremos
que ir.
Sumisa y esclava de tu silencio.
Con ternura, deshaces ese camino tortuoso
que a veces te impone el día, entre abrazos
que se clavan como rosas en nuestros corazones
que sangrarán cuando ya no estés.
"A mi madre" de Martín Paredes Aparicio en *Versos de vida y alma.*

A MI MADRE

Eres la aurora boreal
que despierta las mañanas
en afán de superación.
Eres las arcas
de una economía
que ahorra ante nuestro derroche.
Eres la psicóloga
que pliega la adversidad
entre lazos de solidaridad.
Contigo ¡madre!
nuestros miedos no son cobardes.
Contigo ¡madre!
los dolores
son dolores de un parto
que no vaticinan rencores.
Contigo ¡madre!
la pasión huele a madreselva
y comulga la carne
con el espíritu.

Las heridas no escuecen contigo,
las heridas no atormentan contigo,
porque tú las sanas
en tu regazo y regocijo.

POEMAS DEDICADOS A CARLOS MARZAL Y A MARTÍN LORENZO PAREDES

La crítica, tan crítica, tan lista, me ha indicado
que soy nieto cercano de don Manuel Machado.
Y aunque lo puse fácil, lo normal es el hecho
de que jamás los críticos embistan por derecho.
Hay que enseñar el trapo, embarcarlos muy lento,
darles tiempo a pensar, lidiar con fundamento.
"Media verónica para don Manuel Machado" de Carlos Marzal
en La vida de frontera.

A don Manuel Machado

Las luces sin sus sombras nuestra vida proclaman
y quedarán sus coplas al tiempo de los que aman
un compás de espera, en hermandad serena
que surca toda España, con conciliación plena.
Buscando seguidillas, tu legado es constante.
Te silencian los años, minutos del instante,
te aclaman los siglos, dilemas populares,
y al clamar tu memoria, perviven tus soleares.
En tu trascurso poético, las huellas parnasianas
y a los poetas malditos, nos abres tus ventanas.
Influye Varlaine, también Rubén Darío
en trascurso vital, con tu legado y brío.

Todo está en donde estuvo, todo late
en el primer latir
de la primera aurora cautivada,
y en su cautivo corazón en pálpito.
Todo fluye
en el mismo fluir de un mismo río,
por el agua tenaz de un cauce idéntico.
"Ubi sunt" de Carlos Marzal en *Fuera de mí.*

Ubi sunt

Emerge el crepúsculo,
es la primera aurora matutina
de nuestro corazón cautivo
que quiere fluir desde el río
dentro del cauce
del libre albedrío.

¿Acaso es que no sientes en tu piel
las caricias pretéritas
de plena juventud
que imprimen sellos
ante la senectud
de una posesión lícita,
de una posesión diestra
en la decadencia,
en la decrepitud?

Son coros primordiales de las voces
sin eco de tragedia
porque remontó el designio
de lo fatídico
del ser de la palabra en cuanto somos,
del eco de vivir en cuanto hablamos.

Del cielo bajaste en época temprana,
madre de todo arte, para cultivo
del alma.
Azote de la barbarie, faro en la oscuridad.
A veces cautiva para desamparo de la Humanidad.
"La cultura" de Martín Paredes Aparicio en *Versos de vida y alma.*

La cultura
Baluarte de equidad
que forja la fraternidad
entre pueblos
de distintos designios
con ecos de diestros himnos.
La cultura,
en eco de paz,
nos canta a todos
al amanecer tranquilo
la nana de la cebolla
y nos concilia
con derroteros opuestos.
La cultura abre un página
a la intemperie
sin que el vendaval nos asole.

Siempre te he visto amanecer
antes que el sol,
intentando averiguar dónde
se esconde la aurora.
Pensando, quizá, que su morada es un
jardín de luz y nubes de ese inmenso cielo
al que algún día todos tendremos
que ir.
Sumisa y esclava de tu silencio.
Con ternura, deshaces ese camino tortuoso
que a veces te impone el día, entre abrazos
que se clavan como rosas en nuestros corazones
que sangrarán cuando ya no estés.
"A mi madre" de Martín Paredes Aparicio en *Versos de vida y alma*.

A mi madre
Eres la aurora boreal
que despierta las mañanas
en afán de superación.
Eres las arcas
de una economía
que ahorra ante nuestro derroche.
Eres la psicóloga
que pliega la adversidad
entre lazos de solidaridad.
Contigo ¡madre!
nuestros miedos no son cobardes.
Contigo ¡madre!
los dolores
son dolores de un parto
que no vaticinan rencores.
Contigo ¡madre!
la pasión huele a madreselva
y comulga la carne
con el espíritu.

Las heridas no escuecen contigo,
las heridas no atormentan contigo,
porque tú las sanas
en tu regazo y regocijo.

POEMAS DEDICADOS A CARLOS PARDO Y A JUAN MANUEL MOLINA DAMIANI

"...Quería irme porque mi corazón
no tiene pedigrí.
Habito una prudencia inexpresiva
y a veces cojo adrede la postura
mala de soñar
o sostenerme: un pie en tierra,
diez centrímetros
bajo tierra,
y el otro dando una palabra al aire."
"Calendario pagano" en *Echado a perder* de Carlos Pardo.

CREPÚSCULO PAGANO

Siempre consulté al libre albedrío
para respetar los pormenores
de un tren sin freno,
pero su velocidad fue controlada
por un margen de probabilidad relativa
y terminó el caos
ordenándose dentro de mi religiosidad,
y perdoné los pormenores
dc los trenes sin freno
de los demás.
Lo pagano se ha vuelto democrático,
se ha convertido en una opción probable
que perdona siempre el discurso
del libre albedrío

"Las nueve menos cuarto.
Una mosca se posa en una cuerda.
Comienza a anochecer.
Esta ciudad parece de la costa
pero es tan sólo un pueblo
rodeado de fábricas de piel
y arena, mucha arena.
Por el aire, morado,
se suceden sin orden en su vuelo
algunas golondrinas
y la publicidad de un altavoz.
Ya son las nueve en punto.
Acabo este poema.
La mosca se ha posado en mi rodilla.".
"Entre libro y libro" en el *Invernadero* De Carlos Pardo.

VUELA LA MOSCA

Una mosca vuela
queriendo traspasar el cristal
de mi balcón.
Está atrapada.
Tras el cristal
se vislumbran los techos de las naves industriales.
Algunas de ellas todavía contienen
sus nombres en sus tejados.
Cortisol, para cortinas
que combaten el sol.
Sofásnight, para sofás
que contienen un colchón cama.
He abierto el cristal
y la mosca vuela hacia los techos
de las naves industriales.

"Conozco la rutina
que hoy fecunda la ociosa
y educada manera que tenéis de ignoraros,
el turbio desapego que os mantiene
unidos todavía, el deporable
despojo del dolor,
la culpa,
que los dos utilizáis
para vuestros más apremiantes
reproches y coartadas...
"Canción de amigo" en *Salvaconducto* de Juan Manuel Molina
Damiani.

CÁNTICO DE AMISTAD

Pervive aún la vida entre nosotros.
Se han ido yendo al otro mundo,
traspasando barreras,
rompiendo fronteras.
No cabe la traición
en una saca de enseres leales.
La profesión nos devuelve la lealtad
y el respeto mutuo,
una sociabilidad cultural integrada.

"Color, líneas, pintura
Sangra la luz: un emblema
Infranqueable que quema
La frialdad de la escritura.
Menos ilesa que oscura,
Deteriorada, sin centro
Sale la noche a su encuentro
Vacío, cruel y barroco.
Apalabro poco a poco
Un verso curvo por dentro.".
"Luna negra" en *Salvaconducto* de Juan Manuel Molina
Damiani

NEGRA PINTURA

Se esboza tu pintura
con tus destellos de emblema
y tu línea se quema
entre tanta escritura.
Es una sombra oscura
perdida desde su centro
que precipita tu encuentro
siendo un tanto barroco.
Me abalanzo poco a poco
y busco tu alma por dentro.

POEMAS DEDICADOS A DULCE MARÍA LOYNAZ Y A SONIA JIMÉNEZ TIRADO

Si me quieres, quiéreme entera,
no por zonas de luz o sombra...
Si me quieres, quiéreme negra
y blanca, Y gris, verde, y rubia,
y morena...
Quiéreme día,
quiéreme noche...
¡Y madrugada en la ventana abierta!...
Si me quieres, no me recortes:
¡Quiéreme toda... O no me quieras
"Quiéreme entera" de Dulce María Loynaz

QUIÉREME ENTERA

Si me quieres, quiéreme entera
con mis luces y mis sombras...
Si me quieres, quiéreme entre los tumultos,
quiéreme entre los silencios.
Quiéreme con el crepúsculo matutino,
quiéreme con el crespúsculo vespertino.
Si me quieres, no me abandones
en una soledad perpetua.
Quiéreme entera,
¡quiéreme toda... O no me quieras.

En mi jardín hay rosas:
Yo no te quiero dar las rosas
que mañana...
mañana no tendrás.
En mi jardín hay pájaros
con cantos de cristal:
No te los doy,
que tienen alas para volar ...
En mi jardín abejas
labran fino panal:
¡Dulzura de un minuto...
no te la quiero dar!
Para ti lo infinito o nada;
lo inmortal o esta muda tristeza
que no comprenderás ...
La tristeza sin nombre de no tener que dar
a quien lleva en la frente algo de eternidad ...
Deja, deja el jardín...
No toques el rosal:
las cosas que se mueren
no se deben tocar.
"Rosas" de Dulce María Loynaz

ROSAS

En mi jardín hay rosas
que abandonan la soledad,
que circundan nuestro honor
lleno de honestidad.
En mi jardín hay pájaros
con sus nidos,
no te los doy
que prueban la fidelidad.
En mi jardín abejas
labran desde el panal
tu dulzura y respeto
que yo quiero aportar.
Para ti lo infinito,

38

lo labrado,
lo humano.
Deja, deja el jardín…
no toques el rosal,
que es de muy fina porcelana
desde su honestidad sana.

Este día de hoy,
mañana será un espejismo.
Son las diez menos cuarto de un día cualquiera,
hace varias vidas que nada me habita
y sigo estando aquí.

He transitado una eternidad desde ayer
y mañana seré una mujer nueva.

Así de relativo es, a veces, el tiempo.
"Un día cualquiera" en *Memorias de una contorsionista* de
Sonia Jiménez Tirado

CUALQUIER DÍA

Cualquier día amanecen los grillos entre una escarcha.
Pasan los segundos avanzando a los acontecimientos
pero todo se traduce en una arruga más.
Cualquier día la menestra de verduras se indigesta,
pasan los segundos perdiendo peso,
perdiendo sueños,
y cualquier día la pesadilla es de una sonámbula,
pero todo se traduce en un augurio positivo más.
Sí, sí, sí, soy una sonámbula más
que no quiere despertar de este estado de felicidad.
No, no, no quiero despertar perdiéndote
entre las olas de un océano.
Cualquier día amanecen las ninfas de nuestra leyenda.

"Puedo empezar por el antes
para acabar en el después
que vino a destruirnos
y volver una y otra vez
a una espiral de humo blanquecino
que te dibuja y me asfixia".
"Ordenar el tiempo" en *Vértices* de Sonia Jiménez Tirado

TIEMPO DE CAOS

Los ríos se han quedado sin desembocadura,
permanecen alargados con sus dos orillas
de origen rocoso,
resbalando los pies que quieren anclar.
Los nidos se han quedado sin ramas,
permanecen tan solo en el tronco
de nogal frondoso,
desplegando vuelos llenos de libertad.
Ahora es el tiempo del caos,
del libre albedrío,
donde la libertad desintegra pensamientos,
donde la libertad no hereda falsas palabras.
Ahora es el tiempo del caos,
del libre albedrío,
de la libertad perpetua.

POEMAS DEDICADOS A ELENA MEDEL Y A ISABEL REZMO

Curso de submarinismo

Como anticipo a la pérdida,
un corazón que flota y sobrevive
a la riada de sueños encerrados en burbujas.

Como coraza contra la victoria,
agendas que no abandonan su jaula de jabón,
muertas sobre la placa de la ducha.

Hoy es epílogo
las horas construyen su ataúd junto a mi almohada.

De "Vacaciones" 2004 de Elena Medel

VACACIONES

Como anticipo a la pérdida
de un corazón que pervive de forma sobrehumana
a la cascada de sueños imposibles que se materialicen.
Como escudo contra las armas
son las agendas de las horas punta de mis encuentros,
que no perviven sobre frágiles andenes.
Hoy es epílogo
las horas se consumen como una pasta de dientes.

Aquello en lo que te fijas cuando salimos por las noches

Mi madre me enseñó que la mejor forma de pasar por la
vida era renunciando a la propiedad particular.
Ella me convenció de que podría transformar los balbuceos
en música de cámara, con mis zapatos.
Tus zapatos son mágicos, me dijo. Pierde uno y ganarás un marido.
Vende dos y ante ti se revolverán las semillas de tu reino.
Y yo susurraba: mi reino eterno. Junto a él.
Decidí que los compraría de colores para camuflar mi identidad,
sobrios si aspiro a desvelar mis secretos.
No tacones ni zapatos planos ni aerodinamismo; le quiero
suciamente. He descubierto que pasos-pequeños
conducen a una-mujer-seria-con-dos-rayas-absortas.

Descalza, de puntillas, vuelvo a tener diez años y a morirme
por dentro de tanta soledad.
De "Tara" 2006 de Elena Medel

TESTAMENTO CONSUETUDINARIO

Mi madre me enseñó que la mejor forma de pasar por la
vida era renunciando a los almacenes de los imposibles.
Ella me convenció para dejar testimonios indirectos
ante tribunales meritorios de víveres metálicos.
La dualidad perpetúa una soledad postrera
entre mujeres de ayuda a domicilio.
Hoy no desvelo mis secretos
porque entonces tendría que pensar en voz alta
delatando a tanto impostor de mi vida.
Todo se fragua en una hipocresía moderada
de lealtades sociales involucradas e integradas.

LAS MARIPOSAS CALLAN

Desarmo una quietud en el recodo
de tu vendimia.
Desarmo, como la vida,
manantiales de espesas
 muecas en la noche.
Le pedí que viniera a verme
en el zaguán de un mediodía.
Y sin embargo, escucha,
resuena ruidos malditos
 en las pesadillas de la mañana.
Es el tiempo que no perdona.
La luz se extingue.
Y las mariposas callan.
De Paisajes de una Dama 2013 de Isabel Rezmo

ENTRE OLIVOS

Desarmo una quietud en el rincón
de tu desván.
Desarmo, como la vida,
incógnitas de preguntas sin respuestas.
Le pedí que viniera a verme
rodeada de un paisaje de olivos
donde no se fragua una posible quema.
El barro seco pide agua
y ante tanto deseo y expectación
llueve como un sueño materializado.

SI VERSO

Si verso en los labios,
la paloma se abre,
llueve, golpea, habla.
Si verso en los confines
me llevo el agua a mis manos,
y como un huracán
penetra en el estigma. Y la afila el rocío.
En Ego amare de Isabel Rezmo.

VERSANDO

Si verso recitando rimas,
la paloma abre su vuelo,
y protege a sus crías en el nido con desvelo.
Si verso en los confines
el potro gana la carrera
ante una lucha que persevera.
Si verso entre manantiales
El agua no se mezcla ante las impurezas,
El agua no se detiene ante las rarezas.

POEMAS DEDICADOS A FADWA TUQÁN Y A BEGOÑA M. RUEDA

EN EL HUERTO DE LA TIERRA OCUPADA

Aquella noche
Mi jardín se despertó
Y los dedos del viento
Arrancaron su cercado.
En mi jardín, la hierba,
Las flores y los frutos
se estremecieron
Con la danza del viento y la lluvia...
En las olas del poemario: *Ante la puerta cerrada* (1967) de
Fadwa Tuqán

Tengo un huerto.
El sudor de nuestras mañanas empapa
nuestras frentes.
Inclinamos nuestra cintura y caderas,
en una adhesión de esfuerzo, de sacrificio
a la hora de labrar la tierra. Ante el barro
de la llovizna nuestras manos
se van secando
con el paso del tiempo.

SÓLO QUIERO MORIR EN MI TIERRA

Sólo quiero morir en mi tierra,
Que me entierren en ella,
Fundirme y desvanecerme en su fertilidad
Para resucitar siendo hierba en mi tierra,
Resucitar siendo flor
Que deshoje un niño crecido
En mi país.
Sólo quiero estar en su seno del poemario *La noche*
y los jinetes (1969) de Fadwa Tuqán

Sólo quiero morir en nuestra tierra,
que lo que quede mis huesos
sea indicio de veneración
en lápidas que no están alquiladas.
Que la memoria de mis restos se perpetúe
sin haber sido invadida,
en un remanso de paz venerada.
¡Que descanse mi cuerpo quieto,
muy tranquilo,
que sean ejemplo
de ello todos mis huesos!

MÁS SOMBRAS DE MADRE

"Nunca seré una persona normalque nace y que muere.
Únicamente me reproduzco.Escucha.
Cada vez me llaman madremás sombras"

"Séptimo piso" de Siberiaes un estado de ánimo, Begoña M. Rueda

Ya no me dejo caer cuesta abajo,
todo se mantiene estático como mi bicicleta.
Los huesos están degenerados
y, sin embargo, serán mi testimonio
frente a la muerte.
Deposito mis órganosen el congelador
de los trasplantes,
así se me prolongará la vidaen la otredad.
Cada vez me llaman madremás sombras.

A 11 DE ABRIL DE 2019

"A pesar de que la ropa es lavada
a temperatura de ochenta grados
y tratada con detergentes específicos, productos
neutralizadores del cloro, lejías y suavizantes,
no es raro percibir un leve aroma a perfume al doblar las camisas
de los pijamas.
Sé a qué huelen los enfermos antes de fallecer,
sé que algunos se peinan, se afeitan, y se empapan de
Varón Dandy como si morir
no consistiera sino en dar otro de muchos paseos los domingos por la
mañana."

"A 11 de abril de 2019" de Servicio de lavandería,
Begoña M. Rueda

Los trenes se han quedado huecos,
los autobuses llevan dos almas en pena.
Hay una amenaza contundente,
pues las mascarillas simulan
gestos grotescos de la realidad del otro.
Nos tapan la mitad del rostro,
la mitad de los dientes apretados.
Ahora los labios se quejan
de una convivencia incongruente, pero no se ven,
ni se escucha las quejas
de una impostura incómoda. Falta oxígeno,
aire que ventile nuestro mal aliento,
aire que ventile nuestro mundo exterior, preso
de una muerte acechante,
de un hospedaje hospitalario inhabitable,
de un hospedaje hospitalario masivo
o multitudinario,
de un estercolero de gasas y jeringas
¿Es la sanidad pública un fraude?...

POEMAS DEDICADOS A FRANCISCO BRINES Y A GINÉS LIÉBANA

> *Vives ya en la estación del tiempo rezagado:*
> *lo has llamado el otoño de las rosas.*
> *Aspíralas y enciéndete. Y escucha*
> *cuando el cielo se apague, el silencio del mundo.*
> *El otoño de las rosas,* 1986 de Francisco Brines

EL OTOÑO DE NUESTRAS VIDAS

Naciste en otoño
cuando las hojas
amarillean las aceras
caídas entre el asfalto.
Cuando el cielo se apague
una neblina encubrirá mis ojos.
Una neblina empapará mis manos
cuando el crepúsculo se marche.

Había una barcaza, con personajes torvos,
en la orilla dispuesta. La noche de la tierra,
sepultada.
Y más allá aquel barco, de luces mortecinas,
en donde se apiñaba, con fervor, aunque triste,
un gentío enlutado.
Enfrente, aquella bruma
cerrada bajo un cielo sin firmamento ya.
Y una barca esperando, y otras varadas.
La última costa, 1995 de Francisco Brines

UNA BARCA ESPERANDO

Al fondo de la niebla un mar de tempestades.
Naufragan asfixiados en barcazas inquietas.
Ya no hay espuma
en las olas.
Ya no hay olas
en la playa,
únicamente
cuerpos flotantes
sin identidad plena, sin país de origen.
En la última costa
aspiran a sobrevivir
 una heredad dignificante
con identidad plena, con país de origen.

EUTERTPE EN EL PRADO

El delicado y blando caramillo,
en el alcor, Euterpe está tocando
y con saltos de corza, contemplando,
los ángeles entonan estribillos,

en una rama un grácil pajarillo
el silencio violeta está endulzando
recentales y esquilas van bajando
del monte saturado de tomillo.

Los pastores ligeros saltaban, los zarzales,
los montes y collados; -el cielo parecía
un cándido rebaño de blancos recentales.

Las esquilas callaron y la tarde caía,
en el suelo pintado de rayas verticales,
Euterpe entre los tréboles, solo se estremecía

El libro de don Carlos (Cántico, 1993) de Ginés Liébana

CON MADRIGALES

Suena mi grillo
ya está tocando,
ya contemplando
sus estribillos.

El pajarillo
está cantando
y apostando
en su palillo.

Siendo cabales
todo parece,

teniendo avales

nada estremece
con madrigales,
pues acontece.

SI LA MARLENE VINIERA

Que buen caballero era
R. Alberti

SI la Marlene viniera
a verme a mi casa un día,
¡qué bien la maquillaría!
Tan pronto la vestiría
de traidora cupletera
como de gran forrajera
del cuartel de Platerías
con uniforme y bandera,
que al verla el orbe diría:
"Es Paca la Baldomera
cuando se va al ser de día
a su cuarto de ramera".
Como flamante viajera
con gusto la llevaría
para que el gentío la viera
en un tren de Andalucía.
Y si de mí se tratara
su peluquero sería,
haciéndole en la cabeza
–con mis lacas–
una torre de Ataujía.
Hay que ver cómo destaca
esta dama el corretaje;
en la legión la conocen
como la flor del menaje,
el lujo en el correaje,
la braguita chochetona
con sus rajitas de encaje.
En lo suyo fue primera,
no hay nadie que la aventaje.
¡Qué buen caballero era
y qué abencerraje!

Si la Marlene viniera de Ginés Liébana

EL CLUB FANTASÍA

De amplio plumaje
es todo su traje.
Con braguitas de encaje
como flor del menaje.
Pues siendo la primera
no se siente ramera.
 ¡Qué buen caballero
nada aventurero!
y la maquillaría.
Viendo el orbe diría:
"Cati la baldomera
flamante viajera
por la Andalucía
con sus travesías,
con sus citas plenas
sin ninguna pena".
Al final un caballero
la aguarda lisonjero.

POEMAS DEDICADOS A JOSÉ SARRIA Y A JULIO ÁNGEL OLIVARES MERINO

"Es en este lugar donde un día la vida
era un faro encendido.
Ahora las palabras
esparcen su neblina
y se elevan sus flores secas
junto a la cicatriz del agua
o a la silente herida de las ánforas".
"Estaciones" en *Tiempo de espera* de José Sarria

ESTACIONES

Se fragua el curso del tiempo
con bambalinas.
Los minutos no nos responden
y los segundos se detienen.

La primavera me alberga
secuelas fraudulentas
de mis vástagos desengaños.

El verano seca la tierra
lo mismo que secó mi vientre.

El otoño pusilánime viste
los colores tan húmedos del agua
y las hojas de nuestros árboles
amarillean las aceras
de las avenidas
cerradas como cremalleras.

El invierno me fragua el frío

con despropósitos
y redime a la escarcha
de sus hielos pétreos.

Se fragua el curso del tiempo
entre víveres.
Los minutos no nos consumen
y los segundos se estancan.

"O Tal vez, hace tiempo, Dios pensó
que podía tenerme. A fin de cuentas
a los dos nos embarga
el mismo miedo a tanta soledad".
"Hace tiempo creí tener a Dios" en *Tiempo de espera* de José
Sarria

¿POR QUÉ NOS ABANDONAS, DIOS MÍO?

¿Por qué nos abandonas
Dios mío ante el dolor?
Yo pensaba que asomar los vestigios
a la felicidad
convertía a la gratitud
en prueba tan constante del legado,
pero nos abandonas
ante el dolor,
y por todo ello,
te damos gracias por los resquicios
fragmentados de nuestra dicha
ateniendo a tu indulgencia.

MEMORIA

Ojos que brillan entre neblinas,
las pupilas se dilatan ante sus fragancias.
Ojos oscuros en el día
que se cierran como cancelas
ante los diques de la Antártida

Deambulan los coches guiñando sus intermitentes
y los semáforos se confabulan
ante tantos despropósitos de velocímetros

Ojos rojizos por el reflejo
de los crepúsculos vespertinos.
Las tardes quiebran las perspectivas
ante las sombras que se van forjando.

Hay un desván y un sótano.
El desván está en las alturas oscurecido,
el sótano está en las profundidades iluminado.
Son las luces que oscilan sus contrastes.

"La sed es un acorde que descarrila a solas,
que suena a entonces y desgarra el instante.
La sed es sed de sed también, espejo quebrado,
ebrio de vacío, fragua de párpados crudos"
"Sed" en *La cacería* de Julio Ángel Olivares Merino

SED

La sed seca las bocas en las madrugadas
y acompaña a los delirios matutinos
forjando fraudulentos propósitos
entre los bastidores de un burdel.

La sed pervive en los desiertos
y se inunda en los oasis
perviviendo con dátiles pusilánimes.

Se quiebran las bocas a gritos,
se anudan las lenguas a gritos.
Muerden los dientes como en una caverna
y los labios secos humedecen sus besos.

Quiebra la afonía la sed
y se enrosca con una tos quebradiza
de palabras atragantadas,
de palabras asfixiadas.

POEMAS DEDICADOS A JULIA OTXOA Y A CARMEN CAMACHO ADARVE

La pacificación del espíritu ¿qué es eso?,
tan sólo conozco el desasosiego
y en él me protejo del certero dolor de los aprendizajes.
"[La pacificación del espíritu ¿qué es eso?]" de Julia Otxoa en
La edad de los bárbaros.

¿Y qué sucede con la pacificación del espíritu?
Me tiemblan las manos,
¿es el desasosiego del espíritu?
El miedo acecha.
La muerte es un preludio
con hipotecas muy costosas.
No hay paz perpetua,
el desasosiego es perenne
ante la incertidumbre de la incógnita.

Este es un tiempo despiadado
de mariposas blancas volando alrededor de los cuchillos,
poemas perdidos en la oscuridad de los establos
y casas saqueadas por una turbamulta de animales ciegos.
"Un tiempo despiadado" de Julia Otxoa en La nieve en los manzanos.

Un tiempo despiadado
Este es un tiempo despiadado
de mariposas negras naufragando en el Mediterráneo,
poemas perdidos en las tinieblas de los estercoleros
y casas saqueadas por el hambre del Tercer Mundo.
Míseros pordioseros que duermen a la intemperie
helando sus músculos por la escarcha y
okupas sin derecho a un alquiler social
que viven con total impunidad siniestra.

La libre posesión del dolor,
su dulce sombra, rehaciéndonos de nuevo diminutos.
"La libre posesión del dolor" de Julia Otxoa en *Taxus Baccata*

SOBRE EL DOLOR

El dolor es un pasajero extranjero
que inmigra a nuestras vidas.
Sus ropajes son los de un espantapájaros
en el huerto,
¡absurdos!
Los hay crónicos o perennes
envolviendo la vida cotidiana
con una costumbre de quejas malditas
de seres que odiamos.
El dolor es un pasajero sin DNI,
tiene la identidad de los no-lugares.
Nos despoja de soberbia
y nos cura de humildad.

Mira las cosas desde la ventanilla
¿Ves que bonita es esta ciudad?
No todo es gris, a veces hay colores.
No todo es malo, quédate con lo bueno
Aprende, conoce.
Disfruta que la vida así es.
"Viaje en bus" de Carmen Camacho Adarve en *Bonus track*

VIAJE EN BUS

Ventanilla del bus sin que se contaminen
sus cristales con sales de un vaho pusilánime.
Pasan los pasajeros por el pasillo estrecho,
se rozan nuestros brazos, se rozan nuestros cuerpos,
a muy diestro,
y siniestro,
yo perpetro
desde el movimiento
una voz de silencio,
y los niños del bus no callan, no aclimatan
desde voces insanas, sus gritos, sus palabras.

Si ruegas tu silencio,
yo pido "dame tiempo".
Ruego las luces
de los bares.
Pides un taxi libre,
ruego los chaparrones.
Pides que escampe,
ruego más nubarrones.
Pides mis madrugadas,
Ruego a mis deshoras [...]
"Una oración" de Carmen Camacho Adarve en *Bonus track*.

UNA ORACIÓN

Si ruegas tu silencio
yo clamo "dame tiempo".
Ruego las luces
de los escaparates.
Pido un taxi libre,
llevo prisa al desfiladero.
Pides que llueva,
que no nos asole la tormenta.
Pides mis madrugadas
que sólo vaticinan compañía.
Pides trabajo,
que proclame toda una trayectoria.
Pides al corazón
pureza en el alma.
Pides al alma
que rueguen todos tus difuntos.
Pides a la mañana
la luz de su alborada.
Ruega a la tarde
su luz pusilánime.
Ruega a la noche
su luz de luna llena.

POEMAS DEDICADOS A LUIS GARCÍA MONTERO

CANCIÓN HECHICERA

"Que sus ojos me busquen
sostenidos y azules
por detrás de la barra.

Que pregunte mi nombre
y se acerque despacio
a pedirme tabaco..."

Luis García Montero "Canción de brujería" de *Habitaciones separadas*

Previsible el encuentro
entre excentricidades.
Los vasos de la barra
estaban muy vacíos

¿Los llena el alcohol?
¿Los llena un agrio licor?

La boca está amarga,
los posos de humo lento
sedimentan encías
con un tabaco parco.

¿Dónde nos encontramos
entre la gente ausente?
¿El vacío o la nada
entre excentricidades?

El alcohol no sacia,
el humo nos consume,
el humo nos delata.

SONATA PARA LA LUNA DE JAÉN

"y así,
como una ola,
entre la nube abierta de todos los suburbios,
esta ciudad se rompe sobre las alamedas,
bajo los picos últimos
donde la nieve aguarda
que suba el mar, que nazca la marea."

Luis García Montero "Sonata triste para la luna de Granada" de
El jardín extranjero.

Allá en la plaza San Francisco, duermen
los pueblos esperando normativas.
Las calles inclinadas
jadean recuerdos
desde su origen diestro
a su destino errático...
Las plazas muy solanas cabalgan olivares.
Despertará la escarcha entre difusos lares.
 No pican las hortigas
que anuncian manos de corcho arañando
la tierra verde y húmeda.
La puesta de sol será intermitente,
inclinada,
a sus cuestas perpetuas.
Una botella rueda hacia abajo,
en la cima quedó copia de su mensaje,
su cristal persevera golpes y arbitrajes.

EL BAR DE SIEMPRE

"...Por detrás de la barra,
los camareros juegan a las sombras...."

De luis García Montero "El bar de siempre" de *La*
intimidad de la serpiente

El humo envuelve nuestra áurea,
no, no es hipocresía.
Por detrás de la barra,
los camareros juegan a las sombras.
Nos asalta nuestra violencia,
nuestros asesinatos.
Mi odio del desamor
 sedimenta su poso
desde el alcohol.
Pero las sombras son irremediables,
irreconciliables
con el éxito de nuestro destino.
El cigarrillo aprieta
desde dentro.
Respiramos tu humo
¡contaminado!
Las sillas desde su desorden
guardan el orden cuadrado
de sus mesas.
En el estante hay lotería
sorteando el orden extraordinario
de probabilidad.
No hay que provocar la probabilidad.
La probabilidad
 desobedece
 al libre albedrío.
¿Debemos trasgredir los acontecimientos?

POEMAS DEDICADOS A JUAN CARLOS ABRIL

DISEMINACIÓN

> *"Los poemas que nunca escribiré*
> *se han convertido en humo [....]/*
> *Blanco humo de las chimeneas*
> *que contiene poemas de todos los colores."*
> Juan Carlos Abril "Diseminación" de *Crisis, 2007*

Los poemas que nunca escribiré
se han convertido en barro.
La tierra lo seca desde un hambre oportuna
para que pisen
las huellas desde el otro
y dejen las heridas,
recuerdos pasionales
que serán innombrables
quedando en el recuerdo.

EL CLAVO

"En el dolor, no obstante,
el abrazo es más rápido que un cepo.
Ser uno mismo, sí, pero antes ser de otros".

Juan Carlos Abril "El clavo" de *Un intruso nos*
somete, 1997

Termina ya con lugares pretéritos,
perfectos e imperfectos.
No sucumbas al caos
de la incertidumbre.
 Un asidero
te perpetra seguridad,
consiste en hilvanar
una otredad aquiescente.

POEMAS DEDICADOS A MARÍA ANTONIA ORTEGA Y A PATROCINIO DE BIEDMA

Dios no habita en lo alto, sino en lo profundo,
y su revelación dura lo que un libro que se
escribe en una noche.
Y en su familia, familia de Dios, por lo menos
hay siempre un loco y un poeta...

De *El espía de Dios*, de María Antonia Ortega

EL ESPÍA DE DIOS

El curso del destino, remontado,
es el discurso de gratitud a Dios,
que habita en la trascendencia
de lo profundo.
Los desheredados viven en la casa del Padre
con signos de una locura elocuente,
y una poesía que configura la inmortalidad.
Hay una justicia divina
que traduce la omnisciencia de los hechos.
Hay una justicia divina
que cura las adversidades del destino.

El lenguaje es el sueño más hermoso del hombre,
pero también el más inalcanzable. Hablar es soñar.
Pues la palabra pájaro, ¿acaso no vuela más alto
que el pájaro?
Y la palabra manzana, ¿no brilla más que el fruto?
Y las rosas amarillas, ¿no florecen al mismo tiempo
en mis labios que en mi jardín?

De *La pobreza dorada*, de María Antonia Ortega

SOBRE EL LENGUAJE

El lenguaje es el sueño más hermoso del hombre,
que traduce desencuentros,
que elimina barreras.
Hablar es soñar
sin pesadillas nocturnas,
con dilemas nítidos en las mañanas.
El lenguaje es un pájaro que traduce
las imágenes de una poesía visual,
Que traduce la palabra árbol ¿y sus ramas?
Que traduce la palabra rosas ¿y sus espinas?
Que traduce la palabra brisa ¿y sus vientos?

XII

"Hasta el último instante de su vida
el alma de mi alma,
veló con santo esmero
por conservar la calma
del corazón en que su altar tenía;
¡el pobre corazón que ante su muerte
apuró la agonía
en esa horrible lucha, ruda y fuerte
del que quiere oponerse á lo invisible
que su ventura para siempre trunca!....
¡Inútil convulsión de lo imposible
que el humano poder no vence nunca!

Recuerdos de un ángel. Elegías a la memoria del niño don José
María del Olvido Qüadros de Biedma, muerto á los seis años de
edad, XII, por Patrocinio de Biedma.

ELEGÍA AL DUELO INFANTIL

Con el amor perpetuo de su vida
y el aire sublime de su alma,
mi aprecio religioso y santo esmero
espera preservar la diestra calma.
¡Pues tengo celosía
y acecho de la muerte
que vierte esta agonía
dentro de este designio parco y fuerte,
con su áurea invisible,
cuya fortuna trunca!....
¡Siniestra vida desde lo imposible
cuya aspiración no vence nunca!

Quisiera encontrar acentos
tan dulces como la brisa
sobre el mar,
más siempre en mis pensamientos
una sombra se divisa
de pesar.
Siento que mi voz te diga,
en vez de dulce poesía
mi color,
mas, cual recuerdo de amiga,
te ofrezco, José María,
esta flor.

La poesía titulada «Un eco del corazón» «A mi querido amigo José M. Ponce de León», en estrofas manriqueñas de Patrocinio de Biedma

RESONANCIAS DE ECOS, A LA MEMORIA DE DON JOSÉ MARÍA FÓRNEAS BESTEIRO.

Me planteo tus acentos
que aman y forjan tu brisa
desde mi mar.
 Perpetro en mis pensamientos
la escarcha que divisa
mi pesar.
 Profeso lo que te diga
desde de mi poesía,
mi dolor,
y siendo yo tu amiga
te entrego, José María,
esta flor.

POEMAS DEDICADOS A MIRIAM REYES Y A ÉRIKA MARTÍNEZ

No soy dueña de nada
mucho menos podría serlo de alguien.
No deberías temer
cuando estrangulo tu sexo,
no pienso darte hijos ni anillos ni promesas.

Toda la tierra que tengo la llevo en los zapatos.
Mi casa es este cuerpo que parece una mujer,
no necesito más paredes y adentro tengo
mucho espacio:
ese desierto negro que tanto te asusta.
"No soy dueña de nada" de *la Bella durmiente*
De Miriam Reyes

NO TENGO DUEÑO

Mi casa está anclada en un acantilado,
las olas se llevan los recuerdos,
las olas tienen ecos en sus caracolas.
No tengo dueño,
pertenezco a la naturaleza
y al libre albedrío.
Toda la tierra que poseo la llevo en los zapatos
y no piso a terceras mujeres
que deambulan en la competitividad.
No necesito ni muros, ni paredes,
todo el espacio que tengo se configura:
El caos impera sobre cierto orden de lógica.

Mi padre enfermo de sueños
en el asfalto incandescente de cien mil mediodías caminados
bajo el sol en vertical
perdió sus pies
y apoyado en sus rodillas sigue buscando
el camino de vuelta a casa.
Mi padre sueña,
rendido por el cansancio,
que vuelve a su tierra y planta sus piernas y le crecen pies jóvenes
y la savia de su tierra negra le alivia el dolor de las arrugas
y resucita sus cabellos muertos.
Luego despierta en un piso alquilado a la ciudad de los huracanes de la miseria
y blasfema y maldice y no tiene amigos.
Escondido en la noche
papá llora por las certezas que lo defraudaron.
Del otro lado de su piel
mamá llora por mamá
mamá llora por su casa que ya no habita
y por paz y reposo y risa.
Papá y mamá lloran
cada uno a espaldas del otro en la cama
en el más crudo estruendoso hermoso silencio
que modula en frecuencias infrahumanas
sonidos que se articulan como palabras:
«si aquí no están mis sueños
cómo puedo dormir aquí».
Y que sólo yo escucho
con la cabeza enterrada en la almohada.
Concebida de la nostalgia
nací con lágrimas en el sexo con tierra en los ojos con sangre en la cabeza.
No soy lo que soñaron
como tampoco lo son sus vidas.
"Mi padre enfermo de sueños" de *Espejo negro* de Miriam Reyes

A LA MEMORIA DE MI PADRE

Tienen los monstruos miedo.
Es el miedo a las drogas,
a la captación de trata de mujeres.
No es fácil superar esos miedos,
y los fraudes de los demás,

de terceros,
me harán volver, padre, a tus habitáculos.
Ya no hay espejismos en los cuadros de mi casa,
he vuelto, tras la bofetada,
como el hijo pródigo de la Biblia,
te pido perdón.

Tantos siglos removiendo esta tierra
que atravesó el ganado
y alimentó al ganado y a los hombres
que regaron esta tierra
con el curso negro de su sangre
-la sangre cambia de color
cuando sale del cuerpo-.
Tantos siglos alineando ladrillos,
aquí hubo un establo
sobre el que se construyó una iglesia
sobre el que se construyó una fábrica
sobre el que se construyó un cementerio
sobre el que se construyó un edificio
de protección oficial.
Tantas mujeres fregando sus baldosas,
pariendo en sus baldosas,
escondiendo la mierda debajo de las baldosas
que pisaron sus hijos ebrios
y sus sobrios maridos
que trabajaron y fornicaron
por el bien de un país en el que no creían.
Tantos siglos para que yo,
miembro de una generación prescindible,
pierda la fe en la emancipación,
mire el techo de mi dormitorio
y se me venga la casa
encima.

”La casa encima” de *El falso techo*
de Érika Martínez

LAS CASAS ANTEPASADAS

Son las ocho de la mañana
y van a la fábrica
los jornaleros.
Ellas llevan blusas finas
que le permitan destetarse
y darle de mamar a sus bebés.
No queda tiempo para pensar

en sus frustraciones,
tan solo un bocado a media mañana
les proveerá de un futuro
en el que sus hijos estudien en la universidad.
Para ellas no queda tiempo,
para ellos no quedan más monedas
que las que administrar,
no existe el ocio.

El día que me atropellaron
mi madre, en la consulta,
sintió que le crujía
de pronto la cadera,
mi hermana la clavícula,
mi sobrina la tibia,
mi pobre prima la muñeca.
Les siguieron mis cuatro tías
y mis firmes abuelas,
con sus costillas y sus muelas,
con sus sorpresas respectivas.
Entre todas, aquel extraño día,
se repartieron
hueso por hueso
el esqueleto
que yo no me rompía.
Les quedo para siempre agradecida.
"Genealogía" de *Color carne*
de Érika Martínez

GENEALOGÍA

He tenido padre y madre,
tías y abuelas,
pero no tuve bisabuelas.
Está el cuadro de mi genealogía colgado
de la pared
en la casa de la abuela.
El único testigo es un perro que lame a su dueño,
es decir, a mi abuelo.
En la foto hay algún primo segundo
que desvela la identidad
de una heredad.
Ninguno de la foto murió en el campo de batalla,
les queda la memoria de una guerra
en la que no murió nadie
y las heridas de la carne
que sangran la memoria
para no crear otra guerra.

POEMAS DEDICADOS A MARÍA PAZ MORENO PAÉZ Y A ISABEL TEJADAS BALSAS

Como un cazador de mariposas
que ha roto su red,
persigo en vano las brillantes formas
que vuelan ajenas a su propia belleza.
Estudio su comportamiento,
sus hábitos reproductivos,
sus estrategias de huida ante el peligro,
el brillo de sus alas según la hora del día.
Llevada por el deseo de poseer una palabra,
la atrapo,
rompo sus alas,
y la coloco junto a las otras para poder admirarla.
Prendida de un leve alfiler, la conservo
y salgo en busca de un nuevo espécimen,
más bello aún si cabe.
Después de todo, ¿qué es un poeta
sino un coleccionista de palabras hermosas?
De *El vientre de las iguanas* de María Paz Moreno
Paéz

ADMIRACIÓN DE LA PALABRA POÉTICA

Cada palabra poética encierra un escondrijo
donde se posan los restos de un alma errática.
Cada palabra poética se mantiene en desequilibrio
sin barras paralelas que se unan en un punto.
Cada palabra poética busca puntos de contacto
en el infinito que son irremediables ante la conciliación.
Cada palabra poética persigue un asidero
donde descansar las noches gélidas.

El coche aparcado en la cuneta,
mi padre vigilante al pie del árbol.
Encaramada en la morera, yo arrancaba
hojas para mis gusanos de seda.
Regresábamos después a casa,
oliéndome a savia el jersey y las manos,
y era un festín delirante el contemplar
aquel ejército de bocas desdentadas
arrancando al verde un tierno crujido.
poblándose las hojas con cada bocado
de pequeñas lunas húmedas.
El universo en una caja de zapatos.
"Bombyx mori I" de *El vientre de las iguanas* de María Paz
Moreno Páez

GUSANOS DE SEDA

Ya se incuban en sus huevos
los gusanos de seda.
Explotan sus tejidos ante la presión.
Come el gusano su fibra vegetal
y alienta y alimenta las telas de seda.
Un universo de gusanos que cumplen el ciclo rotatorio
de una muerte enterrada directamente en la tierra.
Es el ciclo biológico de la vida
que el gusano encierra entre sus secretos.

Mi calor es antiguo como fósforos de madera
Todo me lo hago con sueño
Sigue sin haber más evidencia
entre mis piernas o invernadero
Fuera de mi cuerpo el aire me observa
Me lee el manual del tiempo
El método del adiós
aunque yo no sepa o no quiera
Porque a quién le importa
Para qué
entonces estas entrañas
Este camino en mi piel que no lleva a ninguna parte
El amor inédito
donde alguna vez los otros fueron la droga
"Imposibilidad" de Isabel Tejada Balsas en *El alma
irreversible.*

LO IMPOSIBLE

Se fragua un no a ninguna parte.
Ahora no pueden ser los sueños sospechados.
Quisiera volar y no puedo,
cruzar el Atlántico a nado
y no puedo.
Quisiera pisar las ascuas
de mis amores pasados
y no puedo.
¿Espero a que las cenizas estén frías?
Y afortunadamente queden solo cenizas
que sí puedo pisar,
entre los imposibles de la destrucción.
Lo imposible me circunda,
lo posible me desvela
campos magnéticos de lugares recónditos.

Para amurallarme no te hacen falta brazos
Sólo tus ojos urgentes me recogen
obvia y me rodean
sin pretender de mí lo que hay detrás
Eres y estás como el mar artesano de su orilla
a pesar del invierno
sin expectativas
           sin entender
aquí
"No Soy lo que Soñaste" de Isabel Tejada Balsas en *La sonrisa del camaleón*

UN SUEÑO OBVIO

Aquí estoy pretérita
de congojas nítidas,
de barcos naufragados,
de sospechas fraudulentas,
sin menoscabar tu crédito
        sin fuelles férreos
                sin astilleros de madera carcomida.
Aquí estoy latente,
sin resortes a los que fragmentar,
sin especulaciones llenas de mentiras,
sin asideros pusilánimes
de sospechas intrigantes,
        de respuestas sin preguntas,
                de preguntas sin respuestas.

POEMAS DEDICADOS A WÁSHINGTON DELGADO Y A JAVIER CANO

¿Te estoy perdiendo

Te estoy perdiendo
en cada voz que escuchas,
en cada rostro que contemplas,
en cada gesto tuyo,
en cada lugar
que recibe a tu cuerpo.
Ser como la luz
que te envuelve, por la que dejas
un retazo de sombra. Ser
como la noche que te obliga
a un pensamiento, a un deseo,
a un sueño.
Ser una materia leve,
una corriente extensa
que te persigue siempre.
No ser esto que soy
y que te está perdiendo.
(De *Formas de la ausencia, 1953)* de Wáshington Delgado

TE PIERDO POCO A POCO

Te estoy perdiendo
en cada sombra que pisas,
en cada sonrisa fingida,
en cada lugar de cipreses parcos.
Ser como la luz que rodea tu aurea.
Ser como la noche que finge una pesadilla miedosa.
Ser como una corriente de agua que se desboca.
No ser esto que soy
y que te pierde poco a poco.

Dioses

Amo a los pequeños dioses
que no tienen nombre ni patria
ni estatura.
Amo a los dioses oscuros
que viven sólo un día.
Amo a los dioses sencillos:
el viento amarillo del verano,
el verde viento de la primavera
y las iluminadas mariposas
que al fuego vuelan
y en el fuego mueren.
(De *El extranjero*, 1956) de Wáshington Delgado

¡A MIS DIOSES!

Amo a los pequeños dioses
sumidos en la tarea del anonimato.
Amo a los dioses oscuros
que forjan ángeles también oscuros.
Amo a los dioses sencillos:
a la rosa llena de espinas,
a las hojas caducas del otoño
y los iluminados pájaros
que forjan sus nidos de barro
y con la escarcha se hielan.

Conducta razonable

Porque la libertad es un fuego
que pule, afina, organiza
y destruye la vida.
Porque a un lado está el bien
y al otro el mal y yo no sé
cuál es la conducta razonable.
Porque después de todo, nada
importa sino es el amor,
sino es el odio.
Yo estoy aquí para vivir o para morir,
para cantar o para morir,
para respirar, comer y amar.
O para morir.
(De *Para vivir mañana*, 1959) de Wáshington Delgado

CONDUCTA ADMITIDA

Porque la libertad es un baluarte
que ama, vierte, corresponde
y destruye la vida.
Porque hay fronteras del bien
y del mal libres de opinión
y de libertad de pensamientos.
Porque después de todo,
se fragua el amor
y se libera el odio.
Yo estoy aquí para vivir o para morir,
para arrullar o para morir,
para forjar, respirar, liberar
o para morir.

Qué tarde se me va haciendo
para lo mucho que aún resta
por decirse.
Todo me está concluyendo
muriéndome por la cuesta
de vivirse.
Qué tarde para empezar
las mismas cosas que fueron
brevemente.
Ya sólo queda esperar
con los que sobrevivieron
al presente.
Del libro *Como si nada...* de Javier Cano

LOS QUE PERVIVEN

Qué tarde se me va haciendo
para pormenores parcos
por decirse.
Todo está finalizando
desde la cuesta de abajo
de vivirse.
Qué tarde para empezar
el camino hacia ti mismo
tan fielmente.
Ya sólo queda esperar
con aquellos que perviven
Desde siempre.

¿Qué sombras hay oscuras,
por ti y por tu mirada,
a un paso de la nada
donde te configuras?

Que todo cuanto cierne
tu mano lo aproxima
el viento hasta tu cima
para que nunca invierne.

Aquí, donde se inicia
la vida diariamente,
tú inicias su presente
callada y siempre, Alicia.
Como si nada de Javier Cano

TU VIDA SIN RUTINA

¿Qué frentes no son oscuros
de tu rutina y mirada
que forjas desde la nada
y siempre son muy seguros?

 Todo es siempre penitente
pues tu mano aproxima
las laderas de tu cima
que perviven al presente.

Aquí, donde me radica
la vida diariamente,
pues no eludes tiernamente
tu aurea que me salpica.

POEMAS DEDICADOS A PIEDAD BONNETT

A lo lejos
No insistas. Alguien allá a lo lejos es un sonámbulo.
Alguien solloza el otoño del tiempo.
Alguien allá a lo lejos claudica su baluarte.

Abismos
Porque eres ave que surca el océano
desafía la herida
                    trepa claro
con dagas y espinas muy sutiles
y más inmenso el mar

                          porque usurpas confines
                          y laderas siniestras
                          sin un rumbo trazado
                          solitario
                          como un ladrón errático
potro de sombras pusilánime
para la libertad

                          porque están vacías tus arcas
                          ante el tesorero del tiempo
                          que clama en silencio
                          que late tan perpetuo
                          porque eres un reloj sin una alarma
                          un cactus en el desierto
porque te observé saludando
 me quedé sin tu adiós
sumida en tus abismos siderales.

DEL REINO DE ESTE MUNDO

Hablo
del esperpento de tu vanagloria curtida
de sonrisas ficticias.
Del que a regañadientes trepa
                    por las escaladas gélidas.
Del niño desolado de la guerra
            que mata enemigos a los que no odia.
De las metrallas enemigas
            de las estadísticas que quedan sin dardos en sus dianas,
y de las manos que no pulen arcilla de metal.
Hablo de Dios que conoce los puntos de intersección
                de las líneas rectas,
            entre círculos ¿Coincidimos en puntos infinitos?
                        ¿Son puntos de conciliación?
Hablo y no tartamudeo ante tus decisones.

POEMAS DEDICADOS A ROCÍO BIEDMA

PASADO DECISIVO
"Te fuiste,
revelándome el recuerdo
de la bolsa de los sueños
que yo te llenara un día."
Rocío Biedma "Pretérito en la voz" de *Cerezas en*
invierno.

Te fuiste,
ante mi estado latente
con dilema estridente
que yo te negara un día.

Partiste,
sin legado de tus versos
sumido entre tu silencio
que mi amor reanudaría.

Supiste
de miedos de mi tormento
que no profesaste atento
con descuido que erraría

Dijiste
que mayo estaba viniendo
y de recuerdo tu almendro
tu cuerpo incineraría.

SER

"Ser luz
u horizonte, donde
alcancen tus ojos
y se recuesten
con la intención liviana
de hacerte universo.
Rocío Biedma "Ser" de *El vértigo de la libélula.*

Ser luz
o crepúsculo vespertino, donde
el día no fenezca
y se despierten
con la intención diestra
de forjarte sin miedos.

Ser aroma
o perfume, donde
huelan las ninfas
con el olor a azucenas
de atravesar tu tiempo.

Ser brisa
o aire
o viento, donde
no tambaleen tu cuerpo erguido
con férrea posición
y férrea estratagema
de una memoria colectiva,
de una discreción honesta.

IDIOMA

"Doy mi voz
por aquellos que guardan silencio,
los que tienen sus manos atadas
y los ojos ignotos en el negro."
Rocío Biedma "Idioma" de *Lactancia seca.*

Doy mi voz
por aquellas madres que sufren
en su anonimato sediento e ignoto,
que parieron con un dolor
carente de rencor.

Doy mi voz
por la voz de los naufragos
que buscan agua corriente
a través de las cañerías
de viviendas pagás y habitables.

Doy mi voz
y que no mercadeen cuerpos,
 mujeres desprovistas de amor,
que no acarician,
que arañan la piel de un postor.

Doy mi voz
a los niños sumidos en la guerra,
que matan a enemigos
que no son.
Un sin sentido donde el odio
no posee sentido.

Epílogo

Poemas dedicados: el arte de la escucha, el gesto de la gratitud

Hay libros que no se escriben para ser entendidos, sino para ser compartidos. *Poemas dedicados* es uno de ellos. Encarnación Sánchez Arenas no escribe desde la comodidad del verso ni desde la certidumbre del discurso. Escribe desde la escucha, desde la gratitud, desde el temblor de quien sabe que la palabra puede ser también un abrazo.

Este libro es una constelación de homenajes. Cada poema se ofrece como respuesta, como eco, como diálogo. No hay imitación, hay resonancia. No hay cita, hay conversación. Encarnación no se apropia: se hermana. Y en ese gesto profundamente humano, construye una genealogía poética que no se basa en la sangre, sino en la palabra.

Desde Blas de Otero hasta Érika Martínez, desde Dulce María Loynaz hasta Rocío Biedma, desde Wáshington Delgado hasta Miriam Reyes, cada voz convocada en este libro es leída con respeto, con afecto, con lucidez. Encarnación no escribe sobre los poetas: escribe con ellos. Los acompaña, los relee, los transforma. Cada poema dedicado es una forma de decir: "te leo, te escucho, te continúo."

Este libro es también un archivo de gratitudes. Gratitud a las madres que lloran en silencio, a los padres que sueñan desde el asfalto, a los cuerpos que no tienen dueño, a las casas que se nos vienen encima. Gratitud a los versos que nos enseñaron a resistir, a los autores que nos enseñaron a mirar, a los silencios que nos enseñaron a decir.

La voz de Encarnación no busca brillar, sino acompañar. No ofrece respuestas, sino preguntas que nos desestabilizan. No se impone, se ofrece. Como escribe en uno de sus poemas: "Todo está finalizando desde la cuesta de abajo de vivirse". Pero también: "Ya sólo queda esperar con aquellos que perviven desde siempre".

Este prólogo no pretende explicar el libro. Solo quiere caminar junto a él. Como un lector que se sienta en la alameda, escucha los silbidos, recoge las palabras, saluda a los ausentes. Porque eso es lo que hace Encarnación Sánchez Arenas: convierte cada poema en un acto de hospitalidad, cada verso en una forma de justicia, cada imagen en una pregunta que nos interpela.

Antonio Rodríguez Jiménez

Índice

Poemas dedicados a Amalia Iglesias Serna y a Rosa Morillas, 11

Poemas dedicados a Blas de Otero y a Felipe Molina Verdejo, 15

Poemas dedicados a Carlos Marzal y a Martín Lorenzo Paredes, 21

Poemas dedicados a Carlos Marzal y a Martín Lorenzo Paredes, 27

Poemas dedicados a Carlos Pardo y a Juan Manuel Molina Damiani, 33

Poemas dedicados a Dulce María Loynaz y a Sonia Jiménez Tirado, 37

Poemas dedicados a Elena Medel y a Isabel Rezmo, 43

Poemas dedicados a Fadwa Tuqán y a Begoña M. Rueda, 47

Poemas dedicados a José Sarria y a Julio Ángel Olivares Merino, 57

Poemas dedicados a Julia Otxoa y a Carmen Camacho Adarve, 63

Poemas dedicados a Luis García Montero, 69

Poemas dedicados a Juan Carlos Abril, 73

Poemas dedicados a María Antonia Ortega y a Patrocinio de Biedma, 75

Poemas dedicados a Miriam Reyes y a Érika Martínez, 81

Poemas dedicados a Wáshington Delgado y a Javier Cano, 91

Poemas dedicados a Piedad Bonnett, 97

Poemas dedicados a Rocío Biedma, 99

Epílogo, 103